BEI GRIN MACHT SICH IHR WISSEN BEZAHLT

- Wir veröffentlichen Ihre Hausarbeit, Bachelor- und Masterarbeit
- Ihr eigenes eBook und Buch - weltweit in allen wichtigen Shops
- Verdienen Sie an jedem Verkauf

Jetzt bei www.GRIN.com hochladen und kostenlos publizieren

Christian Spöcker

Wie das System journalistische Autonomie begründet

GRIN Verlag

Bibliografische Information der Deutschen Nationalbibliothek:

Die Deutsche Bibliothek verzeichnet diese Publikation in der Deutschen Nationalbibliografie; detaillierte bibliografische Daten sind im Internet über http://dnb.d-nb.de/ abrufbar.

Dieses Werk sowie alle darin enthaltenen einzelnen Beiträge und Abbildungen sind urheberrechtlich geschützt. Jede Verwertung, die nicht ausdrücklich vom Urheberrechtsschutz zugelassen ist, bedarf der vorherigen Zustimmung des Verlages. Das gilt insbesondere für Vervielfältigungen, Bearbeitungen, Übersetzungen, Mikroverfilmungen, Auswertungen durch Datenbanken und für die Einspeicherung und Verarbeitung in elektronische Systeme. Alle Rechte, auch die des auszugsweisen Nachdrucks, der fotomechanischen Wiedergabe (einschließlich Mikrokopie) sowie der Auswertung durch Datenbanken oder ähnliche Einrichtungen, vorbehalten.

Impressum:

Copyright © 2008 GRIN Verlag GmbH
Druck und Bindung: Books on Demand GmbH, Norderstedt Germany
ISBN: 978-3-640-33117-8

Dieses Buch bei GRIN:

http://www.grin.com/de/e-book/126568/wie-das-system-journalistische-autonomie-begruendet

GRIN - Your knowledge has value

Der GRIN Verlag publiziert seit 1998 wissenschaftliche Arbeiten von Studenten, Hochschullehrern und anderen Akademikern als eBook und gedrucktes Buch. Die Verlagswebsite www.grin.com ist die ideale Plattform zur Veröffentlichung von Hausarbeiten, Abschlussarbeiten, wissenschaftlichen Aufsätzen, Dissertationen und Fachbüchern.

Besuchen Sie uns im Internet:

http://www.grin.com/

http://www.facebook.com/grincom

http://www.twitter.com/grin_com

TU Dortmund
Institut für Journalistik

Kompaktseminar
„Was versteht die Wissenschaft unter Journalismus?"
SS 2008

Abgabe am 15.09.2008

Hausarbeitsthema:

Block III:
Wie das System journalistische Autonomie begründet

Christian Spöcker

Hauptfach Journalistik
Nebenfach Politikwissenschaft
2. Fachsemester

Inhaltsverzeichnis

Einleitung 3

Komplexität 4

Das Funktionssystem Journalismus 5

Selbst- und Fremdreferenz 7

Autopoiesis 9

Autonomie 10

Öffentlichkeit 11

Fazit 13

Literaturverzeichnis 14

Einleitung

Silke Dormeier schreibt in ihrem Buch „Wissensvermittlung im Hörfunk": *„Die Kommunikationsprobleme zwischen Wissenschaft und Öffentlichkeit führten zu der Forderung, Wissenschaft zu popularisieren. Wissenschaftsjournalisten sind seitdem beauftragt, der Öffentlichkeit wissenschaftliche Informationen zu vermitteln. Dabei wird nicht nur über Wissenschaft berichtet, sondern direkt aus der Forschung informiert."* [1]

Journalismus wird regelmäßig mit Forderungen aus der Gesellschaft konfrontiert. Ziel dieser Hausarbeit ist es, den Journalismus aus Sicht der Systemtheorie zu betrachten, die in ihm ein eigenständiges System sieht, das nach eigenen, selbstentwickelten Routinen funktioniert.
In einem ersten Schritt möchte ich eine Einführung in die Systemtheorie bieten. Unsere moderne Gesellschaft ist sehr komplex, doch die Systemtheorie hat es sich zur Aufgabe gemacht, Gesetzmäßigkeiten aufzeigen und die Gesellschaft in einzelne, organisierte Teilbereiche zu unterteilen. Anschließend soll gezeigt werden, welche Rolle der Journalismus in dieser Denkschule zugewiesen wird.

Wie sich das System Journalismus abgrenzt und anhand welcher Routinen es die Vorgänge in der Gesellschaft erfasst, wird im darauffolgenden Kapitel ausführlich erläutert. Da es sich, wie bereits erwähnt, bei Journalismus um ein eigenständiges System handelt, muss es sich selbst erhalten – dem Begriff der „Autopoiesis" kommt hierbei eine wichtige Rolle zu. Es handelt sich dabei ursprünglich um einen Begriff aus der Biologie, der erst in der jüngeren Vergangenheit in Modelle der Journalismusforschung übernommen worden ist.

Journalismus kann nicht komplett losgelöst vom Rest der Gesellschaft agieren, schließlich will niemand mit Nachrichten konfrontiert werden, die für ihn keinerlei Bedeutungswert haben. Es soll daher erläutert werden, wie autonom der Journalismus ist und was aus Sicht der Systemtheorie von Forderungen wie der zu Beginn zitierten zu halten ist.
Abschließend möchte ich unter dem Stichwort „Öffentlichkeit" zeigen, welche Bedeutung den zuvor behandelten Begriffen letztlich zukommt, wenn Journalismus als Leistungssystem für die Öffentlichkeit betrachtet wird.

---

[1] DORMEIER, Silke: Wissensvermittlung im Hörfunk, Tübingen, 2006, S.134.

Komplexität

Horst Pöttker schreibt in seinem Aufsatz „Öffentlichkeit – Aufklärung – Integration": *„Vormoderne Gesellschaften werden hauptsächlich durch die Ähnlichkeit ihrer Teile zusammengehalten [...]."*[2] Sozialgeschichtlich gesehen hat sich dieser Zustand jedoch mit dem Aufkommen einer modernen Gesellschaftsstruktur stark verändert. Da sich die Gesellschaft spätestens mit der Industrialisierung und der Auflösung der klassischen Ständegesellschaft zu einem komplexen Gebilde entwickelt und ausdifferenziert hat, ist damit einhergehend auch die Zahl der einzelnen „Subsysteme" bzw. „Teilgesellschaften" gestiegen. *„Ungefähr Mitte des 19. Jahrhunderts kann man den Übergang zu einer funktionalen Differenzierung ansetzen, der Unterteilung von Gesellschaft in funktional ungleiche und autonome Teilsysteme."*[3]

Die Systemtheorie ist eine Theorie, die sich mit den Gesetzmäßigkeiten von Systemen befasst. *„Die Ausgangsfrage der funktional-strukturellen Systemtheorie lautet bekanntermaßen, wie soziale Ordnung, die als hoch unwahrscheinlich gilt, überhaupt ermöglicht wird. Die Antwort lautet: durch Systembildung."*[4] Die Systemtheorie eignet sich auf der Makroebene, wenn beispielsweise die Gesellschaft als Ganzes betrachtet werden soll. Sie lässt sich aber auch auf der Mikroebene anwenden, beispielsweise für die Untersuchung von Gesetzmäßigkeiten in Organisationen und Unternehmen, in letzterem Fall also Teilbereichen des Systems Wirtschaft. Definieren lässt sich der Begriff „System" als *„eine geordnete Menge von Elementen mit eindeutig definierten Eigenschaften [...], die relational verknüpft sind und materielle und/oder geistige Objekte sein können."*[5]

Unter Elementen versteht die Systemtheorie allerdings nicht Personen, sondern Kommunikation, weshalb Kohring den Begriff des „sozialen Systems" als *„Sinnzusammenhang"*[6] beschreibt. Die Kommunikation *„als Basiselement sozialer [...] Systeme"*[7] verhilft dem System zu seinem Sinn (für Kohring ist der Begriff „Handlungen" gleichbedeutend mit dem Begriff „Kommunikation"[8]).

---

[2] PÖTTKER, Horst: Öffentlichkeit – Aufklärung – Integration. In: EURICH, Claus (Hrsg.): Gesellschaftstheorie und Mediensystem. Interdisziplinäre Zugänge zur Beziehung von Medien, Journalismus und Gesellschaft. Münster, 2002, S.27.
[3] KOHRING, Matthias: Die Funktion des Wissenschaftsjournalismus. Ein systemtheoretischer Entwurf. Opladen, 1997, S.250.
[4] KOHRING, Matthias: Autopoiesis und Autonomie des Journalismus. Zur notwendigen Unterscheidung von zwei Begriffen. In: Communicatio Socialis, Heft 1/2001, 34. Jg., S.79.
[5] FISCHER-WINKELMANN, Wolf F.: „Systemansatz" und „Systeme". In: LÜCK, Wolfgang (Hrsg.): Lexikon der Betriebswirtschaft, Landsberg am Lech, 1990³, S.1115.
[6] KOHRING, Matthias (2001), a.a.O., S.82.
[7] GÖRKE, Alexander: Programmierung, Netzwerkbildung, Weltgesellschaft. Perspektiven einer systemtheoretischen Journalismustheorie. In: LÖFFELHOLZ, Martin (Hrsg.): Theorien des Journalismus. Ein diskursives Handbuch, Wiesbaden, 2004, S.235.
[8] vgl. KOHRING, Matthias (1997), a.a.O., S.249.

Dieser Sinn besteht darin, „*aus einem prinzipiell unbegrenzten Möglichkeitsvorrat von Ereignissen eine Auswahl (Selektion) zu treffen und auf diese Weise Komplexität zu reduzieren. Die spezifische Art dieser Selektionen macht dann den Unterschied dieses Systems zu seiner Umwelt aus.*"[9]

Das System entscheidet also, welche Ereignisse es aus seiner Umwelt für wichtig erachtet. Diese Selektion stellt den Sinn und gleichzeitig die Grenzziehung des Systems zu seiner Umwelt dar, wodurch eine Differenz zwischen innen und außen begründet wird: „*Mit Hilfe dieser Unterscheidung von System und Umwelt kann dann bestimmt werden, was zum System gehört und was zu seiner Umwelt.*"[10]

Die Möglichkeit, durch interne Kommunikation eine solche Grenzziehung zu vollziehen und damit die Komplexität der Umwelt zu reduzieren, bringt es mit sich, dass die Komplexität im System selbst steigt. „*Ein solches System kann so intern seine eigene spezifische und hochselektive Komplexität aufbauen. Grundbedingung dafür ist aber, dass es in der Lage ist, seine Grenzziehung zur Umwelt aufrechtzuerhalten, da es ansonsten mit dieser eins wäre.*"[11]

Die innere Komplexität durch herausgebildete Strukturen wie z.b. einer strikten Arbeitsteilung führt dazu, dass das System selbst effizient die Vorgänge in seiner Umwelt verarbeiten kann. Von dieser Komplexität hängt es ab, ob und in welchem Maße das System in der Lage ist, „*das Problem der (Um-)Weltkomplexität in Systemprobleme zu übersetzen und es sozusagen nur noch in seiner eigenen Sprache auszudrücken.*"[12]

Das Funktionssystem Journalismus

Wie bereits oben gezeigt, sind wir heute Teil einer komplexen Gesellschaft, die von der Systemtheorie als eine Ansammlung vieler verschiedener Systeme betrachtet wird. Es ist daher erforderlich, dass diese einzelnen Systeme voneinander wissen, d.h. dass ein Austausch von Wissen über die Vorgänge in den Systemen stattfindet.

„*Was die Teile einer funktional differenzierten, pluralistischen Gesellschaft wirksam verbinden kann [...], ist [...] das in jeder Funktionsparzelle lebendige Wissen, dass jede andere Funktionsparzelle für das Ganze nützlich ist und worin dieser Nutzen im Einzelnen besteht. Anders gesagt: Das Bindemittel [...] ist das konkrete Bewusstsein der verschiedenen Institutionen von der*

---

[9] KOHRING, Matthias (2001), a.a.O., S.82.
[10] KOHRING, Matthias (1997), a.a.O., S.246.
[11] KOHRING, Matthias (2001), a.a.O., S.81.
[12] KOHRING, Matthias (1997), a.a.O., S.245-246.

Funktionalität aller anderen Institutionen."[13] Die Zunahme gesellschaftlicher Komplexität wird für die Gesellschaft selbst zum Problem, denn die einzelnen Systeme können nicht völlig losgelöst von ihrer Umwelt agieren. *„Funktionale Differenzierung steigert einerseits Interdependenzen und damit die Integration des Gesamtsystems, da jedes Funktionssystem voraussetzen muss, dass andere Funktionen anderswo erfüllt werden."*[14]

Das Wissen um die Funktionen bzw. die Vorgänge in anderen Systemen ist daher von elementarer Bedeutung. Dies wird deutlich, wenn man sich beispielsweise die beiden Systeme Wirtschaft und Wissenschaft vor Augen führt. Nehmen wir einmal an, es gelänge einer Forschergruppe, ein neuartiges Energiekonzept zu entwickeln, mit dem sich die wirtschaftliche Abhängigkeit von Öl schlagartig reduzieren ließe, so dürfte das für das System Wirtschaft von höchstem Interesse sein. Doch *„aufgrund ihrer operationalen Geschlossenheit sind Bewusstseinssysteme nicht in der Lage, untereinander direkten Kontakt aufzunehmen. Eine direkte und identische Übertragung von Informationen ist daher nicht möglich. Zwischen Bewusstseinssysteme tritt statt dessen Kommunikation."*[15]

Die Kommunikation zwischen den Systemen wird vom System Journalismus zur Verfügung gestellt. In unserem exemplarischen Fall würden die Forschungsergebnisse vermutlich zuerst in einem wissenschaftlichen Fachmagazin und dann möglicherweise auch in der allgemeinen Presse thematisiert werden. Allgemein formuliert, *„steht Journalismus [...] vor der Notwendigkeit, gesellschaftliche Komplexität auf ein überschaubares Maß zu reduzieren."*[16]

Horst Pöttker verweist darauf, dass Journalismus auch in Systemen selbst eine wichtige Rolle zukommt, weil *„moderne Gesellschaften mit zunehmender funktionaler Differenzierung und Parzellierung auch einen zunehmenden Bedarf an sozialer Integration entwickeln und neben traditionellen Integrationsmechanismen wie Recht und Markt auch den Massenmedien eine wachsende Bedeutung als Integrationsfaktor zukommt."*[17]

Dieser Journalismus ist es seiner Ansicht nach auch, der durch seine Themenauswahl systemerhaltend wirken kann: *„Coser hat gezeigt, dass die aus der funktionalen Differenzierung hervorgehenden Institutionen ihre Aufgaben von selbst keineswegs optimal erfüllen, sondern durch soziale Konflikte immer wieder auf sie hingewiesen und an sie angepasst werden müssen. Er hat*

---

[13] PÖTTKER, Horst, a.a.O., S.26.
[14] GÖRKE, Alexander, a.a.O., S.236.
[15] KOHRING, Matthias (1997), a.a.O., S.248.
[16] KOHRING, Matthias (1997), a.a.O., S.227.
[17] PÖTTKER, Horst, a.a.O., S.24.

damit auf die systemerhaltende Bedeutung von Konflikten als Auslöser sozialen Wandels hingewiesen [...]. Damit systemerhaltende Konflikte in Gang kommen, bedarf die moderne Gesellschaft der Seismografenfunktion eines kritischen Journalismus."[18] Kommt Journalismus dagegen seiner Funktion als systemübergreifender Vermittler nach, so geschieht dies durch seine eigenspezifischen Routinen. Wie diese aus Sicht der Kommunikationswissenschaft und besonders der Autoren Kohring und Weber ablaufen, soll im folgenden Kapitel beschrieben werden.

Selbst- und Fremdreferenz

Wie bereits oben angesprochen, ist die Grenzziehung zur Umwelt die Voraussetzung dafür, dass man von einem eigenständigen System sprechen kann, andernfalls wäre es kein eigenes System, sondern eins mit der Umwelt bzw. Teil eines anderen Systems: *„Gesamt-/Teilsysteme: „Trennkriterium ist, ob ein bestimmtes S. Element eines anderen S. (=Teil-, Unter-, Sub- oder Insystem), d.h. eines Gesamt- (Über-, Sub- oder Um-)systems oder dieses selbst ist. Teilsysteme sind immer „Randelemente" eines Gesamtsystems."*[19]

Grenzen zieht ein System durch Auswahlkriterien, die nicht nach dem Zufallsprinzip arbeiten, sondern regelmäßig sind.[20] Diese Auswahlkriterien kommen dem Verständnis einer eigenen Sprache des Systems, mit dem dieses Umweltereignisse in Systemprobleme übersetzt[21], am nächsten. Im Falle des Systems Journalismus sind das die journalistischen Relevanzkriterien. Sie stellen also dessen Grenze zur gesellschaftlichen Umwelt dar.

Diese Relevanzkriterien werden auch „Auswahlkriterien" oder „Nachrichtenfaktoren" genannt. Ereignisse aus der Umwelt des Journalismus werden als relevant und publikationswürdig erachtet, wenn sie Kriterien wie z.B. kultureller Nähe, Überraschung, Personalisierung oder Negativismus entsprechen.[22] Im Fall unserer erfolgreichen Gruppe von Wissenschaftlern bedeutet das, dass der Journalismus nicht zwangsläufig diese Information bearbeitet bzw. bearbeiten muss, nur weil die Wissenschaft eben neue Erkenntnisse verkündet. Vielmehr überprüft er aufgrund seiner Auswahlkriterien, ob das Thema für die Rezipienten von Belang sein könnte. *„Themen dienen somit als Mechanismen der Eigenselektivität, um die systemexterne Komplexität weiter zu*

---

[18] ebd., S.28.
[19] FISCHER-WINKELMANN, Wolf F., a.a.O., S.1115-1116.
[20] vgl. KOHRING, Matthias (2001), a.a.O., S.80.
[21] vgl. KOHRING, Matthias (1997), a.a.O., S.247.
[22] vgl. SCHULZ, Winfried: Nachricht. In: NOELLE-NEUMANN, Elisabeth / SCHULZ, Winfried / WILKE, Jürgen (Hrsg.): Fischer Lexikon Publizistik Massenkommunikation. Frankfurt am Main, 2004³, S.357.

reduzieren und gleichzeitig die systeminterne Komplexität erhöhen zu können."[23] Das System Journalismus behandelt also die Vorgänge in seiner Umwelt nach systemeigenen Regeln, die ihr nicht von der Umwelt aufgetragen wurden, sondern die sich der Journalismus selbst verordnet hat.

An diesem Punkt lässt sich feststellen, ob es sich um ein fremd- oder selbstreferenzielles System handelt: *„Systeme lassen sich prinzipiell danach unterscheiden, ob ihr basaler Modus der Relationierung von Elementen (Ereignissen) – und damit ihre Grenze bzw. System/Umwelt-Unterscheidung! – von außen festgelegt und gesteuert wird oder ob sie sich im Vollzug ihrer Selektionen selbst auf diese Grenze beziehen (und sie dadurch stets neu ziehen). Im ersten Fall handelt es sich um allopoietische Systeme oder Trivialmaschinen: diese sind ausschließlich fremdreferenziell."*[24]

Dieser von Kohring aufgeführte erste Fall wäre gegeben, wenn Journalismus generell alle Ereignisse aus anderen Systemen ohne weiteres behandeln und übernehmen würde, ohne sie anhand seiner eigenen Kriterien auf Relevanz zu überprüfen. Das Funktionieren des Systems Journalismus würde dann von außerhalb festgelegt werden, man könnte nicht von einem selbstständigen System sprechen und es wäre damit ein rein fremdreferenzielles System. *„Im zweiten Fall handelt es sich um Systeme, die, was ihre Grenzziehung angeht, selbstreferenziell (selbstbezüglich) operieren und auf dieser basalen oder konstitutiven Ebene somit ihre eigene Sprache sprechen. Umweltkontakt bzw. Fremdreferenz findet hierbei nicht unvermittelt statt, sondern immer mit Bezug auf sich selbst, immer übersetzt in die eigene Sprache. Fremdreferenz findet so immer als Selbstreferenz statt, zugleich aber Selbstreferenz auch immer als Fremdreferenz [...]."*[25]

Journalismus ist ein System, das laufend einen Mittelweg zwischen Selbst- und Fremdreferenz finden muss: es bezieht sich einerseits auf Vorgänge in seiner Umwelt (Fremdreferenz), andererseits wird die Umwelt selbst nur durch die systemeigenen Mechanismen erfasst und in die systemeigene Sprache übersetzt (Selbstreferenz). Die Regulierung von Selbst- und Fremdreferenz findet in den journalistischen Unternehmenseinheiten wie z.B. Zeitungsredaktionen statt. Dabei können verschiedene Faktoren wie z.B. der Einfluss der Anzeigenabteilung das Verhältnis von Selbst- und Fremdreferenz beeinflussen.[26]

---

[23] ebd., S.247.
[24] KOHRING, Matthias (2001), a.a.O., S.82.
[25] ebd., S.80.
[26] vgl. ebd., S.86.

Autopoiesis

Da die spezifische Auswahl der Themen die Grenzziehung zur Umwelt darstellt, muss diese laufend aufs Neue generiert werden, denn sonst würde das System Journalismus auf Dauer seine Eigenständigkeit als System aufgebeben.

„Die Bedeutung der Fremdreferenz sozialer Systeme und also auch [...] des Journalismus liegt in dem Problem, wie diese Systeme immer wieder neu die Anschlussfähigkeit ihrer Operationen sicherstellen können."[27] Ist eine solche Anschlussfähigkeit der Operationen möglich, kann sich das System also durch Selbstreproduktion fortlaufend selbst behaupten. Dieser Effekt wird Autopoiesis genannt. *„Leben bedeutet fortlaufende Autopoiesis – also (Selbst-)Reproduktion von Elementen bzw. Komponenten eines Systems [...]. [...]Autopoietische Systeme reproduzieren ihre Elemente bzw. Komponenten `from now on` zirkulär durch ihre Elemente bzw. Komponenten `so far`."*[28]

Es handelt sich dabei also um einen Vorgang, der nicht nur im System Journalismus auftritt. Auch andere Funktionssysteme wie Wirtschaft, Wissenschaft und Politik erhalten sich durch dieses Gewährleisten der Anschlusskommunikation selbst: *„Im Wissenschaftssystem werden beispielsweise ständig wissenschaftliche Informationen (und eben nicht politische, wirtschaftliche oder öffentliche) selegiert, mitgeteilt und verstanden, die [...] neue wissenschaftliche Kommunikation anstoßen."*[29]
Genauso geschieht es in den Funktionssystemen Politik und Journalismus. *„Eine politische Kommunikation (oder Handlung) muss wieder an eine politische Kommunikation anschließen, eine journalistische dagegen an einen journalistische, um die Autopoiesis des Systems zu gewährleisten."*[30]

Diese Autopoiesis ist aber nicht ohne Fremdreferenz möglich, denn *„würde (sich) Journalismus [...]in diesem Sinne nur auf sich selbst beziehen, könnte er keine neuen Themen generieren und sich nicht auf veränderte Umweltbedingungen einstellen."*[31] Da Journalismus diese Themen letztendlich am Interesse seines Publikums ausrichtet, besteht in dessen Berücksichtigung *„die entscheidende Fremdreferenz des sozialen Systems Journalismus"*.[32]

---

[27] ebd., S.84/85.
[28] WEBER, Stefan: Was steuert Journalismus? Ein System zwischen Selbstreferenz und Fremdreferenz. Konstanz, 2000, S.79.
[29] GÖRKE, Alexander, a.a.O., S.235.
[30] KOHRING, Matthias (2001), a.a.O., S.81.
[31] ebd., S.84/85
[32] ebd., S.85.

Autonomie

Das System Journalismus entscheidet selbst über das Verhältnis von Selbst- und Fremdreferenz. Nach Ansicht von Kohring ist dies gleichbedeutend mit einem Verhältnis von Unabhängigkeit und Abhängigkeit, weshalb er für diesen „Prozess des Austarierens" zwischen beiden Größen den Begriff der Autonomie wählt.[33] Diesem Begriff kommt bei der Funktionsweise des Systems eine bedeutende Rolle zu, denn „*der Grad an Autonomie (kann) in bestimmten Segmenten des Journalismus das Informationsverhalten der Journalisten beeinflussen. Damit gelangt Autonomie in den Status einer unabhängigen Variablen, von der zentrale Operationsweisen des Systems [...] abhängen.*"[34]

Autonomie ist eine elementare Voraussetzung für Autopoiesis, die selbsterhaltend wirkende Produktionsweise.[35] Denn letztendlich muss sich das System Journalismus am Interesse des Publikums orientieren, anstatt die Erwartungen anderer Systeme bzw. deren Funktionszuweisungen umfassend zu berücksichtigen. Der Journalismus entscheidet daher selbstständig, „*in welcher Weise er sich mit seiner Umwelt arrangiert, und [...] diese journalistische Eigenselektivität (macht) Sinn, sowohl für die Gesellschaft als auch für den Journalismus selbst. Journalistische Selektion wäre nämlich überfordert, müsste sie sich ständig an einem – stets erweiterbaren – Katalog von Vorgaben aus der Umwelt des Journalismussystems orientieren.*"[36]

Derartige Vorgaben und Erwartungen existieren vielfach, so z.B. die Forderung, Journalismus müsse Bildung vermitteln oder Wissenschaft zu stärkerer öffentlicher Wertschätzung verhelfen. Sie werden von Autoren der Kommunikationswissenschaft zurückgewiesen. „*Journalistische Kommunikation ist [...]kein Instrument zur Politikvermittlung und auch kein Transmissionsriemen zur Popularisierung wissenschaftlicher Informationen. Journalismus konstruiert vielmehr eine eigene, spezifische Wirklichkeit und macht für die Gesellschaft nur dann Sinn, wenn sich diese Konstruktionen von den Wirklichkeitsentwürfe anderer Teilbereiche der Gesellschaft unterscheiden.*"[37] Entscheidend ist also die Wertschätzung der journalistischen Leistungen beim Rezipienten. Kohring bemerkt hierzu: „*[...] Ohne Publikum geht letztlich nichts.*"[38]

---

[33] ebd., S.84.
[34] SCHOLL, Armin: Autonomie und Information(sverhalten) im Journalismus. In: BENTELE, Günter / HALLER, Michael (Hrsg.): Aktuelle Entstehung von Öffentlichkeit. Akteure – Strukturen – Veränderungen. Konstanz, 1997, S.128.
[35] vgl. KOHRING, Matthias (2001), a.a.O., S.83.
[36] KOHRING, Matthias (1997), a.a.O., S.244.
[37] GÖRKE, Alexander, a.a.O., S.246.
[38] KOHRING, Matthias (2001), a.a.O., S.86.

Öffentlichkeit

Wie bereits oben dargestellt wurde, bedarf es der Autonomie des Journalismus bzw. der *„prinzipiellen Freiheit bei Themenfindung, Recherche und Darstellungsweise"*[39], damit Journalismus seiner Funktion, *„Öffentlichkeit im Sinne unbeschränkter gesellschaftlicher Kommunikation zu stiften"*[40], nachkommen kann. Aus Sicht der Systemtheorie, die von einer Vielzahl von Systemen ausgeht, die sich durch funktionale Differenzierung herausgebildet haben, ist der Begriff der „Öffentlichkeit" für eine moderne Gesellschaft von elementarer Wichtigkeit. *„Öffentlichkeit erfüllt eine Synchronisationsfunktion, indem sie Irritationsroutinen anderer Funktionssysteme momenthaft unterbricht, deren Grenzziehung fremdbeobachtet und diese wiederum mit der Kontingenz der eigenen Grenzziehung konfrontiert."*[41]

Verwendet man jedoch den Begriff „Öffentlichkeit" als Synonym für „Publikum", lässt sich anhand der Fachliteratur nicht exakt bestimmen, wo sich „Öffentlichkeit" innerhalb der Systemtheorie verorten lässt. Denn während für Kohring *„das Publikum nicht zur Umwelt des Journalismussystems gehört, sondern dessen integraler Bestandteil ist"*[42], gehört Öffentlichkeit nach Ansicht von Görke zur Umwelt des Systems Journalismus[43].

Ungeachtet derartiger Definitionsunterschiede herrscht in der Journalismusforschung jedoch Einigkeit bei der Frage nach der Aufgabe des Journalismus. *„Für Rühl (1980) besteht diese spezifische Leistung in der `Herstellung und Bereitstellung von Themen zur öffentlichen Kommunikation`, was wiederum der Beobachtung der Gesellschaft durch die Gesellschaft dienen soll (Luhmann 1995)."*[44]

Indem Journalismus eine solche Beobachtung ermöglicht, kann durch die Öffentlichkeit eine gesellschaftliche Synchronisation und damit eine Kommunikation zwischen den verschiedenen Systemen stattfinden[45]. Während früher die Religion die Rolle einer „übergeordneten Ordnungsinstanz" einnahm, *„existiert* (heute) *kein für die gesamte Gesellschaft zuständiger Beobachterstandpunkt mehr, der noch allgemeinverbindliche Sinndeutungen vornehmen kann."*[46]

---

[39] PÖTTKER, Horst, a.a.O., S.16.
[40] Ebd., S.16.
[41] GÖRKE, Alexander, a.a.O., S.237.
[42] KOHRING, Matthias (1997), a.a.O., S.245.
[43] vgl. GÖRKE, Alexander, a.a.O., S.237.
[44] DONSBACH, Wolfgang: Journalist. In: NOELLE-NEUMANN, Elisabeth / SCHULZ, Winfried / WILKE, Jürgen (Hrsg.): Fischer Lexikon Publizistik Massenkommunikation. Frankfurt am Main, 2004³, S.108.
[45] vgl. GÖRKE, Alexander, a.a.O., S.237.
[46] KOHRING, Matthias (1997), a.a.O., S.251.

Stattdessen bietet die Öffentlichkeit einer Gesellschaft die Möglichkeit der Orientierung, was erst durch Leistungen des Funktionssystems Journalismus ermöglicht wird: *„Aus dem Nutzen der Öffentlichkeit für das Individuum ergibt sich ihr Nutzen für die Gesellschaft: Nur wenn deren Mitglieder ihr Recht auf Unverletzlichkeit und Selbstbestimmung verteidigen und an den das soziale Ganze betreffenden Entscheidungsprozessen teilnehmen (Partizipation), kann eine moderne Gesellschaft ihre Probleme wahrnehmen und lösen (Regulierungskapazität)."*[47]

Geht man von einem Journalismus aus, der sich der Objektivität verschrieben hat, dann stoßen seine Leistungen und seine Vorgehensweise nach Ansicht von Kohring nicht zwangsläufig auf positive Resonanz bei anderen Funktionssystemen. *„Aus Sicht der Gesellschaft wird es [...] zu z.B. moralisch, politisch oder wirtschaftlich gemünzter Kritik an der Operationsweise des Journalismus kommen. Diese Kritik ist aber immer an spezifischen Eigeninteressen orientiert."*[48] In einem früheren Aufsatz verweist er jedoch darauf, dass eine solche Kritik für den Journalismus jedoch sogar notwendig sei, *„um sich auf veränderte Umweltbedingungen, d.h. auch Erwartungen aus seiner Umwelt, einzustellen."*[49]

Die Wichtigkeit der drei eng miteinander verbundenen Begriffe „Themenauswahl", „Publikum" und „Autonomie" für die autopietische Produktionsweise lässt sich mit der folgenden Feststellung zusammenfassen: *„[...] Die Entscheidung darüber, welche Themen öffentlichkeitsbedürftig sind und welche nicht, ist selbst ein öffentlichkeitsbedürftiges Problem. Die Definition und Überwachung von Relevanz kann nicht besonderen Institutionen oder Personen (Zensoren, Kontrollgremien etc.) übertragen werden, sondern muss, da niemand wissen kann, was er (noch) nicht weiß, dem gesellschaftlichen Diskurs selbst überlassen werden, der [...] Öffentlichkeit voraussetzt."*[50]

---

[47] PÖTTKER, Horst, a.a.O., S.16.
[48] KOHRING, Matthias (2001), a.a.O., S.87.
[49] KOHRING, Matthias (1997), a.a.O., S.238.
[50] PÖTTKER, Horst, a.a.O., S.16.

Fazit

Die Systemtheorie mit ihrer Sicht des Journalismus bietet meiner Meinung nach keine innovativen Denkanstöße, die dessen Produktionsweise zukünftig nachhaltig verändern könnten. Dennoch besitzt sie ein großes Potenzial. Sie hilft nämlich, sich der optimalen Operationsweise des Journalismus bewusst zu werden, die darin besteht, dass sich dieser seinem Publikum bzw. der Öffentlichkeit stärker verpflichtet fühlt als den Erwartungen seiner Umwelt, also den Eigeninteressen anderer Teilsysteme der Gesellschaft wie z.b. der Wissenschaft oder der Politik.

Natürlich kann Journalismus nicht völlig unabängig von seiner Umwelt agieren, dies wurde bereits unter dem Gliederungspunkt „Autonomie" angesprochen. Darüber hinaus muss er sich den Regeln des Systems Wirtschaft unterwerfen. *„Dass das Medienangebot ein Kulturgut sei, mag sein, aber es ist auf jeden Fall ein Wirtschaftsgut, weil seine Produktion, seine Distribution und sein Konsum knappe gesellschaftliche Ressourcen verbrauchen"*[51], stellt Heinrich fest. Da die Ressourcen auch zu einem anderen Zweck als der Medienproduktion eingesetzt werden könnten, muss sich diese daher zwangsläufig den ökonomischen Gesichtspunkten unterwerfen.[52]

Dies steht jedoch nicht im Widerspruch zur Aufgabe, die Öffentlichkeit zu informieren, im Gegenteil, es begünstigt nach Ansicht von Pöttker sogar deren Erfüllung: *„Eine günstige Rahmenbedingung für konsequente Orientierung am Publikum ist die Marktwirtschaft, in der die Konkurrenz die Medienunternehmen dazu zwingt, die kommunikative Qualität der journalistischen Produkte zu beachten."*[53] Er verweist zudem darauf, dass auch aus historischer Sicht der Kapitalismus schon seit jeher *„ein Weggefährte, ja ein Motor der Aufklärung"* gewesen sei.[54]

Abschließend möchte ich noch darauf hinweisen, dass die Systemtheorie bestimmte Aspekte nicht abdeckt. Journalistische Akteure wie Reporter kommen hier nicht vor, es sei denn, man betrachtet journalistische Organisationen wie Redaktionen als eine Art „Kollektivakteure".
Ich bin jedoch der Ansicht, dass diese Schwäche nicht weiter ins Gewicht fällt, denn es wird kaum möglich sein, eine Universaltheorie des Journalismus aufzustellen, die ihn sowohl auf der Makro- als auch der Mikroebene umfassend abbilden kann.

---

[51] HEINRICH, Jürgen: Ökonomie der Medien – Grundlage einer Medientheorie. In: EURICH, Claus (Hrsg.): Gesellschaftstheorie und Mediensystem. Interdisziplinäre Zugänge zur Beziehung von Medien, Journalismus und Gesellschaft. Münster, 2002, S.66.
[52] vgl. ebd., S.66.
[53] PÖTTKER, Horst, a.a.O., S.23.
[54] vgl. ebd., S.23.

Literaturverzeichnis

DONSBACH, Wolfgang: Journalist. In: NOELLE-NEUMANN, Elisabeth / SCHULZ, Winfried / WILKE, Jürgen (Hrsg.): Fischer Lexikon Publizistik Massenkommunikation. Frankfurt am Main, 2004³, S.78 – 125.

DORMEIER, Silke: Wissensvermittlung im Hörfunk, Tübingen, 2006.

FISCHER-WINKELMANN, Wolf F.: „Systemansatz" und „Systeme". In: LÜCK, Wolfgang (Hrsg.): Lexikon der Betriebswirtschaft, Landsberg am Lech, 1990³, S.1113- 1116.

GÖRKE, Alexander: Programmierung, Netzwerkbildung, Weltgesellschaft. Perspektiven einer systemtheoretischen Journalismustheorie. In: LÖFFELHOLZ, Martin (Hrsg.): Theorien des Journalismus. Ein diskursives Handbuch, Wiesbaden, 2004, S.233-249.

HEINRICH, Jürgen: Ökonomie der Medien – Grundlage einer Medientheorie. In: EURICH, Claus (Hrsg.): Gesellschaftstheorie und Mediensystem. Interdisziplinäre Zugänge zur Beziehung von Medien, Journalismus und Gesellschaft. Münster, 2002, S. 58-72.

KOHRING, Matthias: Die Funktion des Wissenschaftsjournalismus. Ein systemtheoretischer Entwurf. Opladen, 1997, S.217-265.

KOHRING, Matthias: Autopoiesis und Autonomie des Journalismus. Zur notwendigen Unterscheidung von zwei Begriffen. In: Communicatio Socialis, Heft 1/2001, 34. Jg., S.77-89.

PÖTTKER, Horst: Öffentlichkeit – Aufklärung – Integration. In: EURICH, Claus (Hrsg.): Gesellschaftstheorie und Mediensystem. Interdisziplinäre Zugänge zur Beziehung von Medien, Journalismus und Gesellschaft. Münster, 2002, S.12-30.

SCHOLL, Armin: Autonomie und Information(sverhalten) im Journalismus. In: BENTELE, Günter / HALLER, Michael (Hrsg.): Aktuelle Entstehung von Öffentlichkeit. Akteure – Strukturen – Veränderungen. Konstanz, 1997, S.127-139.

SCHULZ, Winfried: Nachricht. In: NOELLE-NEUMANN, Elisabeth / SCHULZ, Winfried / WILKE, Jürgen (Hrsg.): Fischer Lexikon Publizistik Massenkommunikation. Frankfurt am Main, 2004³, S.328-362.